MW01170114

LATE TO THE HOUSE OF WORDS

SELECTED POEMS OF GEMMA GORGA

TRANSLATED BY SHARON DOLIN

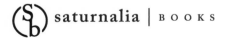

saturnalia | BOOKS

Distributed by Independent Publishers Group
Chicago

Saturnalia Books
105 Woodside Rd.
Ardmore, PA 19003
info@saturnaliabooks.com

ISBN: 978-1-947817-34-0 (print), 978-1-947817-35-7 (ebook)
Library of Congress Control Number: 2021938914

Cover image by Magda Bolumar
Book design by Robin Vuchnich

Distributed by:
Independent Publishing Group
814 N. Franklin St.
Chicago, IL 60610
800-888-4741

My gratitude to the following publications for publishing these translations, sometimes in earlier versions:

ACM: Another Chicago Magazine: "Kaleidoscope," "Lineage," "Elegy," "Optic Principle"

Agni: "Lepidoptera"

Arkansas International: "The Boatman," "Small Ceremony for Nothing"

Asymptote (Translation Tuesday): "Poetics of the Fragment," "Density," "Temperatures"

Brooklyn Rail (In Translation): "Pomegranate," "*Fiat Lux*," "Reflections on Shutting down the Computer," "Reading Matsuo Bashō," "Book of Hours: October," "The Sky Over Berlin," "In Alphabetical Order"

Cincinnati Review: "Who Was She"

Circumference: "Semantics and Nutrition"

Copper Nickel: "Those Oranges We Ate for Christmas," "Stones," "Amusement Park," "Saturn in the Telescope's Small Mirror"

Guernica: "The Meal"

Gulf Coast: "Hide-and-Seek"

The Henniker Review: "Man of Little Faith," "Phosphorus"

Image: "It's Late," "The Angel of Rain"

The Laurel Review: "We Forgot," "The Book of Hours: January"

The Los Angeles Review: "Autobiography," "The List," "Second Eclogue"

Mantis: "The Scene Happens Without Sound"

New England Review: "Mineral Philosophy"

On the Sea Wall: "Radar," "Poetic Minimalism," "Illumination"

Plume: "Embryo"

Poetry Northwest: "Hospitality of the Blank Page," "Radiance," "Venomous Species"

Tupelo Quarterly: "Zeno of Citium Reflects Aloud," "Little Fairy Tale"

Washington Square Review: "Closure"

World Literature Today: "Good Manners," "Direction of Growth"

Thank you to the editors of *The Winter Anthology* for republishing "Lineage" and "Optic Principle."

Thank you to MacDowell, where I began work on these trans-lations, and also to the National Endowment for the Arts for granting me a Fellowship in Translation, which enabled me to complete this project.

My profound gratitude to Mary Ann Newman and Núria Diví who read through these translations and offered their sensitive reading of the Catalan. Thank you to Sarah Wetzel, my editor at Saturnalia Books, for her careful editing. I owe a debt of thanks to Mireia Estrada, the Director of Jiwar, where I first encountered the poetry of Gemma Gorga. Finally, my deepest gratitude goes to Gemma Gorga, whose lapidary poems so inspired me that I felt compelled to translate them.

The poems from *Mur* (2015) are reprinted here by permission of Editorial Meteora.

The poems from *Viatge al centre* (2020) are reprinted here by permission of Godall Edicions.

Translation of this book was made possible thanks to the support of Institut Ramon Llull.

TABLE OF CONTENTS

"Some Living Syllable"

INTRODUCTION TO *LATE TO THE HOUSE OF WORDS*

by Sharon Dolin

The Politics of Modesty

Gemma Gorga's poetry displays a disarming modesty (think of Marianne Moore) in order to speak of hidden truths that emerge out of our quotidian reality. Gorga might start with a simple action, such as prying out the seeds in a pomegranate ("Pomegranate"), and then she transforms their "ruby-red" color into a metaphysical comparison: "rough as the cat tongue of time." A reader will note a consistent interplay in her work between the literal and the figurative, where everything is and is not itself. Thus, the "murky color" of the pomegranate's stain on "our fingers" becomes "the open color of memory." In her poem "Amusement Park," the poet has a date with sadness, and while she conjures up the image of a ride on a Ferris wheel, she soon transforms it into an existential state: "How long have I been spinning round on this Ferris wheel, /now close to the world, now farther away?"

While Gorga is not a confessional poet, a reader still finds vestiges of her life in certain poems, as in the moving tribute to her father, "Stones," which has the ring of personal memory. In a later book, *Wall (Mur)*, the poems "Embryo," along with "Temperatures," "Who Was She" and "Lineage," evoke with great poignancy the poet's relationship to both of her deceased grandmothers. In "Temperatures," the grandmother's advice against daydreaming in the kitchen, where "milk will boil over," becomes the occasion where "memory will bubble up from the heat of the stove" and conjure a childhood scene.

Gorga at times deploys scientific diction to describe intangible states of being, as in "Stones," where it is "as if the soul / were filled with tiny alveoli that open / and close." This is a characteristic move of Gorga's—to talk about the invisible in terms of the physical, even the anatomical. If we go to poetry to find the numinous within the phenomenal world, that is what readers will find in Gorga's poetry, and done with such delicacy.

Often, Gorga's poems play with the physicality of language, the poems becoming self-referential and training their lens on words themselves. In "Good Manners," the child gnaws on a pencil to find "the vagus nerve / of the word." In "Phosphorus," the reader slowly realizes that the matches the speaker is burning, "the thin stick of words" and the "small charred cadavers, now scattered / across the blank page," are the ones their eyes are now reading. This focus on words, even individual letters, is one of the aspects of Gorga's poetry a reader will encounter over and over again in her work. Words themselves— even individual letters—become key leitmotifs in this poet's arsenal.

Background and Culture

Gemma Gorga i López was born in Barcelona in 1968. She holds a Ph.D. in Philology from the University of Barcelona, where she teaches Medieval and Renaissance Literature. She has published seven books of poetry since 1997, for which she has garnered many awards; several books of literary criticism; and a prose memoir on her sojourns in India entitled *Indi visible*. She has also published two books of translation from English to Catalan: one by the Indian poet Dilip Chitre and another by the American poet Edward Hirsch that she co-translated with the poet Ernest Farrés. Gorga is a cosmopolitan reader of poetry and literature, with nothing insular or provincial in her own poems. As Gorga herself says about her reading and influences in an interview she gave in 2012: "I'm very eclectic. I think I've imbibed from everywhere."[1]

Gemma Gorga writes her poetry exclusively in Catalan, a language that developed sometime between the eighth and tenth centuries[2], and, like all Romance languages, has its roots in Latin. Catalan is *not* a dialect of Castilian Spanish; its closest cousin is, in fact, Occitan (the language spoken in Provence), as well as Italian and French. To the ear, Catalan has a harsher, more staccato sound than other Romance languages, with a complex grammar and pronunciation.

While not overtly political, Gorga's poetry is inherently political by virtue of the fact that Gorga always writes in Catalan, which has a long history of being suppressed where it is spoken and declared illegal by those who assumed power in Spain. Most recently, during Francisco Franco's long dictatorship in Spain (1939-1975), it was illegal to publish, teach, or even converse in Catalan in public. Due to Catalunya's[3] recent independence movement, there has been renewed interest in the Catalan language (with its ten million speakers). To read Gorga's poetry is, in fact, to participate in a political act itself: to affirm Catalan's rightful place as a significant literary language within world literature.

Poetry as a Means of Exploring the Unknown
The more time a reader spends with Gorga's poems, the more heightened is one's awareness of her preoccupation with language, with the metaphysical within the physical world. As Gorga herself says in an interview, "To know things that I don't already know: that's why I write poetry." Poetry, in the hands of Gorga, becomes an epistemology, a way of knowing the world. As she explains: poetry is "a tool for going deeper into things. Like a kind of light that opens up the way."[4]

Unsurprisingly, Gorga's poems are often engaged with the movement between the visual and the visionary. In "Saturn in the Telescope's Small Mirror," the speaker remarks, "How unstable the state / of pure looking is." Pure looking—which is not the same as seeing or the gaze—is what the poet as visionary is always out to capture through words, in spite of—and perhaps because of—the fact that she knows it is an inevitably fleeting, though far from fruitless, endeavor. The movement from vision to the visionary returns and receives further refinement in her more recent poem "Hildegard of Bingen's Visions," where the speaker wonders if she'll "know how to move /from the gaze to the vision."

Knots in Translation

There are always knots in translation: poems so caught in the language and culture of the original that there is no way to disentangle them into a straight line leading to the target language, in this case English. For example, in the proem, "Mirror, Mirror on the Wall," I spent a vexing amount of time trying to translate one word: *calçobre*. Finally, I stumbled upon another translator's difficulty in translating *calçobre*, in which he describes the traditional plastering of the walls of houses in Menorca with *calç*, lime-based plaster, *el calçobre* being the crumbled bits that flake off:[5] what I chose to translate as the "wall's plastered / shards," sacrificing the economy of the Catalan in favor of clarity.

Another knot I had to untangle was how to translate poems that rely on the dictionary and the disposition of words in relation to other words. In a poem such as "Alphabetical Order," my priority was to preserve the alphabetical order of words over any literal translation. The final line of the poem is a creative translation, lining up words in alphabetical order to mirror the Catalan, while also making certain to emphasize the "you" being addressed in the poem, even adding in a homophone ("yew"), which does not exist in the Catalan poem:

thus, "a tu, tul, tulipa, túmul, turment?" (literally, "for you, tulle, tulip, tumulus, torment?") becomes "for you: yarrow, yaw, yawp, yew?"

I believe much of Gorga's work gestures toward the unsayable, the unsaid. My goal as translator is to create a poem in English that can sustain such moments of inquiry and transcendence. In her most recent collection *Voyage to the Center* (2020), which ends this Selected Poems, a reader may be struck by the minimalism of the poems and their urge to wrest meaning from the silence. One only has to look back to Gorga's first collection, published more than twenty years earlier, to find a poem such as "Verbal Alchemy" that uses language (and rhyme) to conjure the world: "From clay I create a word that endures." In *Voyage to the Center*, Gorga appears to have come full circle in such poems as "Decreation," where the poem is simultaneously writing and unwriting itself in the final five lines:

mirar sense dir estic mirant,
estimar sense dir estic estimant,
deixar els versos inacabats,
deixar els versos,
deixar.

look without saying I am looking,
love without saying I am loving,
leave verses unfinished,
leave verses,
leave.

Poetry, as Gorga well knows, is always in love with silence as much as it is in love with words. In this, her most Cagean of poems, Gorga seems to be deploying words to unsay themselves—perhaps tipping the balance in favor of silence. Of course, it takes a poet of consummate artistry to be able to wield language in order to undo itself.

Endnotes

1   Gemma Gorga Interview. Poetàrium. Institut Ramon Llull. Available on YouTube. https://www.youtube.com/watch?v=LY_GDkFQwP4

2   "Catalan Language: Origins and History." Generalitat de Catalunya. https://llengua.gencat.cat/en/el-catala/origens-i-historia/

3   I deliberately use the Catalan name for the region, Catalunya—not Catalonia, which is the Castilian Spanish name.

4   Gorga Interview. Poetàrium.

5   "Calçobre refers to crumbs of limestone that flake from the white-washed walls . . . a word with no equivalent in the English language." Clyde Moneyhun. "Notes on Fidelity in Translation." https://ndreview. nd.edu/assets/76046/on_translation.pdf

Digue'm, mirall

Vam fer tard a la casa de les paraules.

I ara baixem a les palpentes escales adolorides
com vèrtebres i busquem entre el calçobre
alguna síl·laba viva, germana del pa
i la penúria, per dur-nos als llavis.
Com ara un nom. Un nom de dona.
L'os d'un nom de dona extraviat entre les pedres
d'aquests murs que un dia foren habitats
carn endins. I potser un joiell,
una capseta,
un mirall a qui poder preguntar

tantes coses.

Mirror, Mirror on the Wall

We showed up late to the house of words.

Now we grope our way down stairs as painful
as vertebrae and search between the wall's plastered
shards for some living syllable—sister to bread
and poverty—to bring to our lips.
Such as a name, a woman's name.
The bone of a woman's name lost between the stones
of these walls that once upon a time housed
flesh inside. And perhaps a jewel
a little box
a mirror you could ask

so many things.

From *Birdlore* (*Ocellania,* 1997)

Alquímia verbal

Del fang en faig paraula que perdura.
Del fang, de l'aigua i de la realitat
esberlada que lentament madura
a l'ombra del mot que el llavi ha cantat.

Pasto amb dues mans la matèria dura
fins que pren forma de mot desitjat.
Prenc el pa, el cercle, la joia pura,
la salabror, la falguera, l'esclat

de la pell jove i la flor de l'amor,
i n'escric la geografia verbal.
Aquest dolç desfici de portar llum

i paraula per pèlags de foscor!
Fer or del no-res amb el nom que cal
i deixar volar la resta com fum.

Verbal Alchemy

From clay I create a word that endures.
From clay, from water, from the split
reality that slowly matures
in the shadow of the word sung from my lips.

With two hands I knead the hard substance
until it assumes the shape of the desired word.
I take bread, the circle, pure joyousness,
saltiness, ferns, the outburst

of young skin and love's flame,
and I write its verbal terrain.
This sweet yearning to spark

with the word the depths of the dark.
Make gold from nothing but the vital name
and let the rest go up in smoke.

Retorn

Jo era petita i m'havien de dir què fer,
cap on anar, com somriure davant d'una xocolatina,
com agafar la forquilla, com agafar la vida,
com no xarrupar la sopa de galets,
què llegir als estius i com balancejar la cua de cavall.

Tant era el meu desig d'un vestit color neula
tot esponjat de farbalans i mànigues càlides.
Jo era petita
i això significava que plovia
i això significava que els rellotges estaven enfangats
i això significava que aquell dia s'esqueia el vestit verd
i raspós com la mirada de la Cruela de Vil.

Jo era petita com una formiga.
Com una formiga, sí,
tan menuda que sovint em perdia
entre els plecs de la faldilla de la meva mare.
Un cop em van trobar sota la sivella
de la seva sandàlia de platja,
vivint entre la sorra i la pell.

Return

I was small and I had to be told what to do,
where to go, how to smile for a chocolate bar,
how to grasp a fork, how to grasp life,
how not to slurp noodle soup,
what to read in summer, how to swing my ponytail.

All I wanted was a wafer-colored dress
all puffy with flounces and warm sleeves.
I was small
which meant it was raining
which meant the clocks got muddied
which meant it was the day for wearing the green dress
as rough as one glance from Cruella de Vil.

I was as small as an ant.
As an ant, yes,
so tiny I often got lost
in the folds of my mother's skirt.
Once they found me underneath the buckle
of her beach sandal,
living between sand and skin.

I ara em dic:
tu eres petita,
eres tan petita,
tu eres petita
com haguessis pogut ser
una agulla d'estendre,
un pinyó estès a terra
o una finestra plena de neu,
si no fos perquè els altres sempre m'ho recorden
i així em defineixen encara avui:
tu eres petita.

Even now I tell myself:
you were small,
you were so small,
you were small
enough to have been
      a clothespin
      a pine nut on the ground
      or a window full of snow
if only because the others always remind me
and define me as such even today:
you were small.

Prec

Fràgil.
Arravatadament imperfecte.

Vesso aquest cos menut
en el càntir de la vida.

Que l'aigua de la nit
li atorgui saviesa.

Prayer

Fragile.
Fiercely imperfect.

I pour this tiny body
into the pitcher of life.

May night's waters
grant it wisdom.

[No conec cap espai]

No conec cap espai que respongui al nom de *casa*.

Casa és el contorn net d'una sola cèl·lula.
Casa és la verticalitat insubornable del vent.
Casa és una samarreta de cotó sense somnis de grandesa.
Casa és la nit poderosa on un braç pot ser ocell.
Casa és una veu que és alhora silenci.
Casa és la humitat on s'imagina tota fulla.
Casa és la dignitat del cos.

[I don't know any space]

I don't know any space that answers to the name *home*.

Home is the clear contour of a single cell.
Home is the incorruptible verticality of the wind.
Home is a cotton T-shirt without delusions of grandeur.
Home is the power of night when an arm can become a bird.
Home is a voice that is also silence.
Home is the moisture every leaf imagines.
Home is the dignity of the body.

Aniversari a Harvard

Escric agost sense èmfasi.
L'escric gairebé en veu baixa,
sense alçar els llavis del paper.
L'escric en minúscula i a càmera lenta.
L'escric només per a mi.

Miro a través del prisma
net d'una tarda d'estiu.
La calor multiplica turistes
i els escampa damunt la pell
bruta de les escales
que duen a Widener Library.

Després de vuit mesos
encara busco una rima
eficaç que digui
la teva mort sense traïcions
literàries ni doblecs en la veu.
Una paraula valenta que em sostingui la mirada.

Sota el fuet silenciós de la pluja,
els turistes s'apressen per l'empedrat,
tristos i anònims com cargols.

Day of Remembrance at Harvard

I write the word august without emphasis
almost writing it in a low voice
without lifting my lips from the page.
I am writing in lower case and in slow motion.
I am writing it just for me.

I am looking through the clear
prism of a summer afternoon.
The heat multiplies tourists
and scatters them over the dirty
skin of the stairs leading
up to Widener Library.

After eight months
I am still seeking
a verse suitable for declaring
your death without literary
betrayals or cracks in the voice.
A bold word that can hold my gaze.

Under the silent lashing rain,
the tourists rush along the cobblestones,
sad and anonymous as snails.

Sovint el crit i el dolor
són inversament proporcionals.
Per això escric en veu baixa,
sense alçar els llavis del paper.

Often, crying and feeling pain
are in inverse proportion to each other.
Which is why I am writing in a low voice,
without lifting my lips from the page.

From *The Disorder of Hands*
(*El desordre de les mans,* 2003)

I aleshores ella

Amb farina i aigua treballava
el seu cos. Amb farina i saliva
concebia, inclinava, aprenia
que amb farina i dues mans s'arriba
al dúctil secret de la matèria.
Amb farina i llavis treballava
l'home fins a l'elasticitat
insuportable de la tendresa.
I aleshores lentament tastava
el seu cos, el pa que era el seu cos,
el pa que s'emmotllava tan bé
a les mans com la llum a la terra.

So Then She

With flour and water she worked
his body. With flour and saliva
she conceived, leaned, learned
that with flour and both hands you reach
the secret pliability of matter.
With flour and lips she worked
the man down to the unbearable
elasticity of tenderness.
Then slowly she tasted
his body, the bread that was his body,
bread that fit as well in her hands
as does light on earth.

El barquer

Llevar-se d'hora i comprovar que tot és al seu lloc,
que les finestres no han envellit tant en una nit,
que el pa d'ahir segueix tendre per a les dents de llet
del nou dia, que a la cuina perdura l'olor groga
del curri, l'olor de les nostres mans fent el sopar,
fent, lentes, l'amor sota els llençols blancs de la farina,
que els llibres encara conserven, tossuts, la memòria
de les paraules, que tot és, en fi, on ha de ser,
començant pels ossos i acabant per les papallones,
pels meridians i els silencis que ocupen l'exacta
latitud celeste que algú els va assignar. I així, cada
dia, la mateixa feina per passar de l'ahir
a l'avui, per creuar les aigües fosques de la nit
amb èxit i tornar a començar com si res no hagués
passat, tret d'una mica de temps, el fang dels segons.
Fins que una nit embarcarem, però serà un altre
el riu i un altre el barquer. I aleshores, digue'm, ¿qui
mantindrà el nom, qui salvarà l'olor de tot allò
que hem estat, que per nosaltres ha estat, quina mirada
guardarà les finestres, el pa, les mans, la memòria,
els llibres? Quin llot s'atrevirà a engolir tanta vida?

The Boatman

To get up early and check that everything is in place:
that the windows have not aged too much overnight,
that yesterday's bread remains soft enough for the new day's
baby teeth, that the yellow smell of curry lingers
in the kitchen, the smell of our hands making dinner,
making love, slowly, under the white sheets of flour,
that the books stubbornly still preserve the memory
of their words, that everything is, in fact, where it should be,
starting with our bones and ending with butterflies,
with meridians and silences that occupy the exact
celestial latitude someone assigned them. And thus, each
day, the same labor continues from yesterday
to today, crossing the dark waters of night
successfully, and starting again as if nothing had
passed, except for a little time, the clay of seconds.
Until one night we embark, but it's another river
and another boatman. And then, tell me, who
will keep the names of things? Who will save the aroma
of all we have been, that for us has been? Which look
will preserve the windows, bread, hands, memory,
books? What muck will dare devour so much life?

Zenó de Cítium reflexiona en veu alta

Passo la mà sobre la taula de fusta
per saber si té febre: he d'aprendre encara
a reconèixer la tristesa callada
dels objectes, el posat dòcil amb què
entomen la pluja àcida de les hores.
A quina escola ensenyen aquest dolor
tranquil de cadira, de llençol, de marbre?
Qui diria que l'armari enyora el vent
i les ales dels avets? Es plany de nit,
però de dia s'obre a espais d'aire i llum
i, a estones, sembla que fins i tot somriu.

Zeno of Citium Reflects Aloud

I pass my hand over the wooden table
to see if it has a fever; I still have to
learn to recognize the silent sorrow
of objects, the docile pose with which
they catch the acid rain of hours.
At which school do they teach this serene
ache of chair, of bedsheet, of marble?
Who would say the wardrobe misses the wind
and the wings of fir trees? It complains at night,
but by day it opens up into light, airy spaces,
and, at times, it even seems to smile.

Petita cerimònia per a no res

Quan vespreja, el vent torna a casa
cansat i es despulla de totes les paraules
que ha sentit. Com un arbre a l'hivern.
Com un llibre cremat. Com ara jo de tu.
Contemplar-se ben sola al cristall, només
aigua entre els ulls i la mirada. Quedar-se
cara a cara amb el propi nom, tan estrany,
amb el propi esquelet que ens interroga.
I llevar-se lentament, i desar el fred
a l'habitació dels mals endreços, i encara
tenir tota la vida per preparar-se un te.
I esprémer les últimes gotes del silenci,
àcides i llunyanes com culleretes de plata.

Small Ceremony for Nothing

At dusk, the wind returns home
tired and strips off all the words
it has heard. Like a tree in winter.
A burned book. Like me about you.
Contemplating oneself alone in the glass,
nothing but water between the eyes and gaze.
Remaining face to face with our own name,
so strange, with our own skeleton interrogating us.
And getting up slowly, and saving the cold
in the storage room, and still having
a lifetime to prepare a cup of tea:
to squeeze out the last drops of silence,
acidic and distant as silver spoons.

Home de poca fe

Avui estrenem la llum, encara intacta.
Les paraules llampurnegen com peixos
inquiets en l'espera del miracle
de la seva multiplicació.

La vida és un prodigi massa fràgil:

sota el pes imperceptible d'un dubte,
el destí quedarà convertit en
pedra. I amb el reflux de les onades,
la platja s'omplirà de peixos morts.

Man of Little Faith

Today, for the first time,
we're experiencing pristine light.
Words gleam like restless
fish waiting for the miracle
of their multiplication.

Life is a wonder of great fragility:

under doubt's imperceptible weight,
destiny will be turned into
stone. And with the receding waves,
the beach will fill with dead fish.

Pedres

Si la veu pogués sortir a les fotografies
com hi surt l'ombra o la tendresa —tot i ser
realitats més vulnerables—, sentiria
un cop més el meu pare explicant-me que, abans
de collir una pedra, cal fer-la rodolar
amb el peu o amb una branca per espantar
els escorpins que s'hi amaguen com punxes seques.
Mai no vaig preocupar-me'n. Perquè tenir sis
anys era senzill, senzill com morir-se. En tots
dos casos, no hi havia més secret que l'aire:
respirar-lo o no respirar-lo, com si l'ànima
fos plena de diminuts alvèols que s'obren
i es tanquen. El primer escorpí que vaig veure
va ser al llibre de ciències naturals,
atrapat per sempre entre les pinces severes
del temps. De vegades, però, els llibres no expliquen
tota la veritat, com si no la sabessin
o l'haguessin oblidat camí de la impremta.
Aràcnid que té el cos dividit en abdomen
i cefalotòrax. Res no hi deia del sol
ardent a la llengua, de la por, de l'espiga
travessada al coll. Jo no sabia llavors
que les paraules són immensos icebergs
que oculten sota les aigües glaçades molt
més del que mostren. Com la paraula *escorpí.*

Stones

If a voice could emerge from photographs
the way a shadow or tenderness does—despite their being
more vulnerable realities—I would hear
once more my father explaining to me, that before
picking up a stone, I should roll it over
with my foot or a branch to scare off
any scorpions hiding underneath like dry thorns.
But I didn't worry about it. Because being six
years old was simple, as simple as dying. In either
case, it's no more secretive than the air:
to inhale or not to inhale, as if the soul
were filled with tiny alveoli that open
and close. The first scorpion I ever saw
was inside a book about the natural sciences,
trapped forever between the severe pincers
of time. Sometimes, though, books don't tell
the whole truth, as if they didn't know
or had forgotten on the way to the printer.
*Arachnid whose body is divided into an abdomen
and cephalothorax.* No mention was made of the sun
burning the tongue, of fear, of the thorn
piercing the neck. I didn't know then
that words are enormous icebergs
hiding, under glacial waters, much more
than they show. Like the word *scorpion.*

I ara, mentre el telèfon sona insistentment
—un crit agut de matinada—, mentre em llevo,
encenc el llum, acosto la mà al seu cos blanc
de plàstic que brilla com una pedra al sol,
mentre el despenjo, i dic *sí?*, i algú em diu que ets mort,
jo només penso en els escorpins, en allò
que volies dir-me quan repeties *fes
rodar les pedres, sisplau, fes rodar les pedres.*

Now, as the phone insistently rings—
morning's harsh cry—as I awaken,
turn on the light, bring my hand to its white
plastic body that shines like a stone in the sun,
as I pick it up and say *yes?* and someone says you are dead,
I just think about scorpions, and what
you wanted to tell me when you repeated, *Roll*
over the stones, please, roll over the stones.

Semàntica i nutrició

Cau la fulla a terra i es descompon
en significats menors—humitat,
pigment, làmina, oxigen, escalfor,
llum—, com qui lletreja el seu nom sencer
a un desconegut: *an hí drid car bò nic.*
Res no es perd pel camí, ni les converses
que ha mantingut amb la pluja de nit,
ni les lliçons de vol que li han donat
els ocells: tota ella es descompon
en unitats menors directament
assimilables per la paciència
de les formigues, les boques callades
del bosc. És per això que l'idioma
del vent arriba a parlar-se també
sota terra. I és per això que els cucs
s'emproven ales i surten volant
convertits en papallones. Tot és
matèria. Tot es transforma en vol
quan una simple fulla cau a terra.

Semantics and Nutrition

The leaf falls to the ground and decomposes
into smaller meanings—moisture, pigment,
lamina, oxygen, heat, light—the way
someone spells out their full name
to a stranger: *car-bon di-ox-ide.*
Nothing is lost along the way, neither
its conversations with the night rain
nor flying lessons given by birds: it all
decomposes into smaller units directly
assimilated by patient ants, the silent mouths
of the forest. That's why the language
of the wind also comes to be spoken
underground. That's why worms try on wings
and fly away, turned into butterflies. Everything
is matter. Everything is transformed into flight
when a simple leaf falls to the ground.

Joyeux Noël

Aquesta habitació d'hotel ens conté com una capsa
de Nadal que ningú no tornarà a obrir. Es perdrà el record
de la poma a mig mossegar, el mapa que es neguiteja
damunt el llit, el bitllet d'avió que ens retornarà
on no volem retornar, el desig de tu encenent-se i apagant-se
com les llumetes del carrer. I, als peus de la finestra, les sabatilles
que ens observen, pacients i manses com un petit ramat d'ovelles.
Em pregunto si les habitacions d'hotel han après a celebrar
el Nadal. Per si de cas, aplego les serradures d'un dia gris
i les escampo entre els llençols, mentre tu aportes humitats
de molsa i retalles peixets de plata perquè llisquin sota els ponts
del meu cos. És estrany que aquesta ciutat sigui París,
dius. I mentre proves a orientar-te enmig del desordre
de les meves mans, la tarda es fon com un grapat de neu.

Aviat la nit ens caurà al damunt amb un cop sec
i ens trencarà l'ànima a miques: dues figuretes
de fang oblidades en una capsa de Nadal.

Joyeux Noël

This hotel room contains us like a Christmas box
no one will ever open. The memory will be lost
of the half-eaten apple, anxious map on the bed,
plane ticket that will return us to where
we don't want to return, desire for you blinking on and off
like Christmas lights. And at the foot of the window, slippers
that are observing us, patient and docile as a small flock of sheep.
I wonder if hotel rooms have learned how to celebrate
Christmas. Just in case, I gather the sawdust of a grey day
and scatter it between the sheets, while you bring damp
moss and snippets of silver fish to slip under the bridges
of my body. It's strange that this city is Paris, you say.
While you try orienting yourself in the midst of the disorder
of my hands, the afternoon melts like a clump of snow.

Soon, night will fall upon us with a sudden blow
and shatter our soul to bits: two clay
figurines forgotten in a Christmas box.

Ens vam oblidar

Ens vam oblidar de donar corda
al rellotge de les nostres nits.
I ara mira els cossos, encallats
com rodes dentades que no saben
acoblar-se, provant de reprendre
el constant moviment giratori
que tenen la terra, l'huracà,
la dansa i la serp. La vida volta
sobre si mateixa al ritme cec
de l'esfera. I ara tu assenyales
les dotze de la nit, jo les dotze
del migdia, aturats ja per sempre
com dues agulles rovellades
que mai no tornaran a creuar-se
camí de l'amor, camí de l'odi.
Era senzill. I vam oblidar-ho.

We Forgot

We forgot to wind
the clock ruling our nights.
And now, look at our bodies—stuck
cogwheels unable
to mesh, trying to resume
the constant, gyrating motion
of earth, hurricane, dance,
and snake. Life turns
on its axis with the blind rhythm
of the sphere. Now you point
to twelve midnight, and I
to twelve noon—stopped forever
like two rusty hands
that will never again cross
paths toward love, toward hatred.
It was simple. And we forgot.

From *Optical Instruments*
(*Instruments òptics*, 2005)

⊗

Fòsfor

Obro la capsa i els vaig extraient, un rere
l'altre, sense aturar-me. Encendre'ls és senzill:
s'agafen primer amb delicadesa entre els dits
i es freguen un instant contra una superfície
rugosa —com ara les parets de la nit,
els relleus de la memòria. De vegades
em pregunto d'on em ve aquest amor pels gestos
inútils, si deu ser malaltia o potser
benedicció: veure que res no serveix
de res, i seguir insistint, malgrat tot, seguir
cremant la fusteta prima dels mots que extrec
de la capsa amb delicadesa, un rere altre,
sense aturar-me. Apagar-los és tan senzill
com encendre'ls: únicament cal comptar fins
a tres, i despertar. De la gran lluminària
només en resta un grapat de petits cadàvers
calcinats que ara s'escampen sobre la pàgina
en blanc, i un estrany gust de fòsfor a l'arrel
de l'ànima, al centre exacte on neix el llenguatge.

Phosphorus

I open the box and take out one after
another without pause. Lighting them is simple:
first, grasp them delicately between your fingers
before striking them against a rough surface for an instant—
such as the walls of night, reliefs of memory. Sometimes
I wonder where this love of mine for useless gestures
comes from, if it's a sickness or perhaps
a blessing: seeing that nothing is of any use,
to keep on insisting, in spite of everything,
to keep on burning the thin stick of words I take out
of the box delicately, one after another,
without pause. Extinguishing them is as simple
as lighting them: just count to three and wake up.
The only thing remaining from this great luminosity
is a handful of small charred cadavers, now scattered
across the blank page, and a strange taste of phosphorus
at the root of the soul, in the exact center where language is born.

Per ordre alfabètic

Fullejo el diccionari a l'atzar:
qui ha plantat calèndules al costat
del calendaris, lliris als llindars
de la pàgina? Es treuen les paraules
les sabates per celebra com cal
el sàbat. La tristesa no és tan lluny
de les trinxeres, ni la mort del marbre,
ni les plomes del plom que les fa caure
enllà del significat. Passo els dits
pels lloms polsosos del record i busco
un criteri que em permeti ordenar
el desordre. Voldràs dir-me, sisplau,
per quina lletra t'hauré de buscar
a tu, tul, tulipa, túmul, turment?

In Alphabetical Order

I leaf through the dictionary at random:
who has planted calendula next to
calendar, lilies by the lintel
of the page? Words shed their shoes,
as they should, to celebrate
the Sabbath. Trenchant is not that far away
from trenches, nor is mortality from marble,
nor leaves from lead, which makes them fall
beyond their meaning. I pass my fingers
over the dusty spines of memory and search
for a rule that lets me order
the disorder. Please tell me,
under which letter do I need to look
for you: yarrow, yaw, yawp, yew?

Petit conte

L'abella se m'acostà als llavis per dictar-me
l'inici d'un poema trobat a l'atzar
entre les síl·labes dolces del taronger.
Hauria estat senzill tancar els ulls i assentir
si no fos perquè ningú no em va ensenyar mai
a acceptar un miracle. Sé perfectament
com s'han de posar les mans per rebre una poma
enverinada, sé com s'ha d'inclinar el coll
per sentir la lenta mossegada vermella
de la nit, com s'acumula la crueltat
al fons de tots els miralls. Quines són les mans,
però, amb què es pren una ofrena? Com cal obrir-les
per acceptar el do inesperat? L'endemà
sempre és massa tard: l'abella no hi és, no queden
flors en cap taronger, i les síl·labes no troben
l'ordre adequat per indicar el final feliç.

Little Fairy Tale

The bee drew near my lips to dictate
the beginning of a poem found by chance
among the sweet syllables of the orange blossom.
It would have been easy to close my eyes and nod
if it weren't for the fact that no one had ever taught me
to accept a miracle. I know perfectly well
how to hold my hands to receive a poisoned
apple, I know how to tilt my neck
to feel the slow, red nibble of night,
how cruelty accumulates
in the depths of all mirrors. What are hands for
if not for taking an offering? How to open them
properly to accept the unexpected gift. The next day
it's always too late: the bee has gone, no flowers
remain on any orange tree, and the syllables
haven't found the right order for a happy ending.

Parc d'atraccions

Sé prou bé on he d'anar aquesta tarda si vull
trobar-me amb la tristesa. És sorprenent la seva
disponibilitat –l'agenda plena d'hores
lliures– quan es tracta de mi. Quedem en veure'ns
a dalt de tot. S'enlaira la sínia, lenta
i silenciosa com un immens rellotge
còsmic que el vent accionés de tant en tant.
Lluny, submergida en les aigües de la nit, brilla
la ciutat amb les seves escates daurades,
milers de boques mudes que s'obren i es tanquen
mentre neden pels corrents glaçats de la vida.
Quant de temps fa que giravolto en aquesta sínia,
ara tan a prop del món, ara tan distant?
Com un astronauta perdut en l'espai, busco
un cable que em lligui a la respiració
dels altres, oxigen calent per als pulmons
que pregunten. Em miro la mà dreta, em miro
la mà esquerra, i trigo anys a cobrir la distància.

Amusement Park

I know very well where I have to go this evening
if I want to encounter sadness. Its availability
is surprising—its schedule full of free time—
when it comes to me. We agree to meet
at the very top. The Ferris wheel rises slowly
and silently, like an immense cosmic clock
the wind operates from time to time.
Far away, submerged in night's waters,
the city shines with its golden scales,
thousands of mute mouths open and close
while swimming in life's icy currents.
How long have I been spinning round on this Ferris wheel,
now close to the world, now farther away?
Like an astronaut lost in space, I am searching
for a cable to connect my breathing
to others, oxygen to warm my inquisitive
lungs. I look at my right hand, I look
at my left, and take years to cover the distance.

El cel sobre Berlín

No em preguntis el com ni el per què. De vegades
hi ha coloms que equivoquen el camí, travessen
una finestra, una cortina, un mirall mig
obert, i res no pot evitar que s'escampin
pels cels transparents de l'ànima, com s'escampen
els colors de l'aquarel·la sota la gota
fortuïta d'aigua. No em preguntis el com
ni el per què d'aquests errors, ni tan sols si són
errors. ¿Com podríem saber de qui és la mà
que obre els miralls, de qui la mà que precipita
l'aigua? De vegades, la vida s'equivoca
de peça, mou blanca per negra, i aleshores
apareix una àliga sota l'abric, una
paraula en llavis d'una abella, un àngel trist
assegut en una bugaderia. Diuen
que és una cosa que ens passa a tots, no només
als qui tenen ales. Reconforta saber-ho.
Reconforta saber que l'error forma part
de nosaltres, que ens sosté com l'aire o la sang,
que els millors encontres són en realitat
pèrdues o confusions, atzars que passen
a mil metres d'altitud sobre les ciutats
oblidades, allà on les paraules s'eleven
com glòbuls efervescents, i desapareixen.

The Sky Over Berlin

Don't ask me how or why. Now and then
pigeons go astray, they go through
a window, a curtain, a mirror left half
open, and nothing can prevent their dispersing
through the transparent sky of the soul, the way
watercolors disperse under the serendipity of water
drops. Don't ask me how or why
these mistakes happen, or if they even are
mistakes. How could I know whose hand
opens mirrors, whose hand precipitates
water? Sometimes, life chooses the wrong
piece, black moves for white, and then
an eagle appears under a coat, a word
on a bee's lips, a sad angel
sitting in a laundromat. They say
it happens to everyone, not only
to those with wings. Comforting to know.
Comforting to know error is a part
of us, sustains us like air or blood,
that the best encounters are really
losses or confusions, accidents happening
three thousand feet above sea level over
forgotten cities, there where words ascend
like effervescent globules, and disappear.

Llegint Matsuo Bashô

Nit de lluna plena. Els núvols es desplacen
com meduses translúcides pel silenci
impermeable d'aquest aquari fosc.
Som criatures que vivim sota l'aigua
de la tristesa, i per això se'ns fa ardu
eixamplar els pulmons, simplement descansar.
M'atanso a la barana i espero el *plop*
de la granota que es capbussa a l'estany,
els cercles concèntrics que deixen les coses
senzilles quan cauen a profunditat
màxima. Una nit de lluna plena amb Bashô.
I em pregunto: per fer-ne un *haikú* perfecte,
quantes síl·labes li sobren, a la vida?

Reading Matsuo Bashō

Full-moon night. Clouds moving
like translucent jellyfish through this
dark aquarium's impervious silence.
We creatures live under sorrow's
waters, so it's arduous work
for our lungs to expand, then simply relax.
I approach the railing and wait for the *plop*
of the frog diving into the pond,
concentric circles left by simple things
when they drop to the depths.
Full-moon night with Bashō.
I wonder: how many syllables must I remove
to make a perfect haiku from my life?

Últimes reflexions abans d'apagar l'ordinador

Quant de temps els queda, als llibres, tal com
ara els coneixem? L'olor de les fulles
relligades en l'ordre necessari
per a l'emoció, el pes inequívoc
de la matèria sostinguda entre
les mans, l'elasticitat de la llum
—a voltes còncava, a voltes convexa—
en passar cada pàgina. Imagino
la perplexitat de tots aquells éssers
que van néixer amb l'ànima de paper
—posem els corcs, les aranyes, els àcars,
els insomnes que xuclen la sang blanca
de la cel·lulosa— quan no existeixin
llibres a les lleixes. Penso també,
és clar, en els avantatges derivats
del canvi: les cases s'eixamplaran,
s'estendrà l'espai, apareixeran
parets allà on ja no les sospitàvem.
D'aquesta manera tindrem més metres
cúbics per omplir-los de solitud.

Reflections Before Shutting Down the Computer

How much time do they have left—books as
we now know them? The smell of the leaves
bound in the necessary order to arouse emotion,
the unequivocal weight of the matter
held between our hands, the changeable
light—at times concave, at times convex—
while turning each page. Imagine
the perplexity of all those beings
born with a paper soul—
such as woodworms, spiders, mites,
insomniacs sucking the white blood
of the cellulose—when books no longer exist
on the shelves. I'm also thinking, of course,
of the benefits derived from the change:
houses will expand, space extended, walls
will appear where we no longer suspected.
In this way, we'll have more cubic feet
to fill with our solitude.

Fiat lux

Fa molts anys que les nits van deixar de ser fosques
com la gola del llop. Ara les nits fan por
per uns altres motius —potser, precisament,
per la impossibilitat d'instaurar de nou
la foscor absoluta. Els televisors veïns
il·luminen l'insomni amb el seu reverber
lletós, mai no s'apaga la fosforescència
dels cossos celestes, dels animals nocturns,
la radiació perillosa que emeten
els records. Jec al llit, incapaç de res. Qui
hauria gosat imaginar que la llum
seria una maledicció? Jec al llit,
mentre la claror es filtra per les cent ranures
de la persiana, cent ranures petites
i allargassades com versicles que tothora
em recorden la condemna del *fiat lux*.

Fiat Lux

Many years ago night stopped being as dark
as a wolf's throat. Now nights are frightening
for other reasons—perhaps precisely
because of the impossibility of restoring
absolute darkness. Neighboring televisions
illuminate insomnia with their milky reverberations,
the phosphorescence of heavenly bodies,
of nocturnal animals, and the dangerous radiation
our memories emit never turn off.
I am lying in bed, incapacitated. Who
would have dared imagine that light
would be a curse? I am lying in bed
while brightness filters through the blinds'
hundred slits, one hundred tiny slits
elongated like biblical verses constantly
reminding me of the sentence of *fiat lux*.

El llibre d'hores: octubre

Cauen les fulles com àngels secs, tres voltes
d'ales, tres voltes en l'aire abans de perdre
l'equilibri i lliscar fora de la corda
tibant del vent. Sembla com si algú volgués
desmuntar la realitat, peça a peça
—paraigües, esqueixos de gerani, bosses
de plàstic que volen com ànimes buides—,
per traslladar-la a una altra dimensió
menys dolorosa, una dimensió on no
calgués recomençar cada any, repetir
els mateixos gestos, escombrar de nou
les fulles, els calendaris, les tristeses
que s'esmicolen com un grapat de sal
sota el pes de les sabates. On la vida
no fos un circ de lona descolorida
que exhibeix any rere any els mateixos números
tronats i previsibles. On no calgués
estar-se assajant, infatigablement,
fins a l'última caiguda, ja sense ales.

The Book of Hours: October

Like dry angels, the leaves are falling, three
beats of their wings, three somersaults in the air
before losing their balance and slipping
off the wind's taut rope. As though someone
wanted to dismantle reality, piece by piece—
umbrellas, geranium cuttings, plastic
bags flying like empty souls—
to transport it to another less painful
dimension where it's not necessary
to begin over every year, to repeat
the same gestures, sweep away once more
the leaves, calendars, griefs
that crumble like a handful of salt
under the weight of your shoes. Where life
is not a faded circus tent showing
the same shoddy, predictable numbers
year after year. Where it's not necessary
to be rehearsing tirelessly until
the final fall, already without wings.

El llibre d'hores: gener

El fred ens fa més íntims i vulnerables.
Som antigues ferides a la intempèrie
d'uns dies que caminen amb peus petits
pels pendents fràgils del cor i les teulades.
Moment propici per recloure's a casa
—com els secrets es reclouen a la boca
càlida que els calla—, sentir el borbolleig
espès de les hores que couen a foc
lent, parar atenció a la fusta del llapis
que creix, als ossos de les lleixes que cruixen,
donar corda al mecanisme rovellat
dels records, passar el plomall aquí i allà,
abaixar el contrast cridaner dels colors
que pengen torts a la paret, ocupar
el mínim espai possible —un simple punt
enmig de les coordenades de l'aire
i la sang—, ficar-se sota l'edredó,
arrupir-se, gairebé desaparèixer.

The Book of Hours: January

The cold makes us more intimate and vulnerable.
We are ancient wounds out in the open
from a few days walking on small feet
along the rooftops and fragile slopes of the heart.
A propitious moment for secluding ourselves at home—
like secrets secluded in the warm mouth
that silences them—to hear the thick
gurgling of hours cooked by slow fire,
to pay attention to pencil wood
growing, to the shelves' creaky bones,
to winding the rusty mechanism of
memory, passing the feather duster here and there,
lowering the gaudy contrast of colors
that hang crooked on the wall, occupying
the least space possible—a simple point
in the midst of the coordinates of air
and blood—to get under the comforter,
curl up, almost disappear.

Magrana

L'esgrano amb els dits i salten tot de records
sobre la llum gebrada del marbre. Petits,
encesos com bombetes vermelles de fira,
asprosos com la llengua felina del temps
que ens convida a seure a taula per engolir-nos
d'una bocada. La magrana torna cada
final de tardor, disposada a devastar-nos
una nit qualsevol, mentre som a la cuina
distrets amb el sopar: molt lleument va tacant-nos
els dits amb aquell color pensatiu i tèrbol,
el color que tenen les hores que no acaben
de coagular, el color obert de la memòria.

Pomegranate

With my fingers I pry out the seeds and all my memories
spill onto the frosty light of the marble counter.
Little, lit up like ruby-red carnival lights,
rough as the cat tongue of time inviting us
to sit at the table in order to gobble us up
in a mouthful. The pomegranate returns every
late autumn, ready to ruin us, on whichever night
we are in the kitchen, distracted by dinner: very lightly
it stains our fingers that pensive, murky color,
the color hours take on that won't
clot—the open color of memory.

From *Diaphragm* (*Diafragma,* 2012)

Milers d'éssers alats travessen la nit

camí de la il·luminació
o de la cremació.

Les converses travessen la ciutat
en sentit contrari
a tot sentit,
buscant petits coàguls de bondat
on aturar-se a reposar,
tal vegada significar,
        un o dos
        instants,
abans d'incorporar-se al brogit universal
—obert les vint-i-quatre hores—,
la densa malla de nòduls elèctrics
i blancor eixordadora

des d'on ja fa molts anys
que no se senten les estrelles.

Thousands of Winged Creatures Cross the Night

via the path of illumination
or cremation.

Conversations crisscross the city
every which way,
looking for small clots of kindness
where they stop to rest,
or perhaps convey meaning
             for one or two
             moments
before joining the universal uproar—
open twenty-four hours a day—
the dense mesh of electric nodules
and deafening whiteness

from where it's already been many years
since we stopped sensing the stars.

Aquelles taronges que menjàvem per Nadal,

grans com el planeta més gran,
giraven en una rotació cerimonial
de dits i desitjos de dolçor
en fuga,

fins que la pela queia sencera
damunt el plat,
amb el pes que té l'abandó
quan és definitiu.

Those Oranges We Ate for Christmas

as large as the largest planet,
they turned in a ceremonial rotation
of fingers and the desire for sweetness
in flight

until the entire peel fell
on the plate—
the weight of desertion
definitive.

Saturn al mirallet del telescopi:

a penes una gafeta cromada
al calaix posterior
de la ceguesa

Que inestable la mirada
en estat pur,
                la que no necessita
encarnar-se en nom, ni que sigui el més
elemental.

Com si algú anés a dir *distància, vertigen, amor,*
potser *immensitat,*
i arribés a temps,
tot just a temps,
de callar per sempre.

Amb quina rapidesa es desenfoca
tot.

Saturn in the Telescope's Small Mirror

barely a chrome snap
in the back drawer
of blindness.

How unstable the state
of pure looking is—
                    which doesn't need
to be embodied in even the most elemental
of names.

As if someone were about to say: *distance, vertigo, love,*
possibly *immensity,*
and got there in time
just in time
to be silent forever.

How swiftly everything
blurs.

A la cafeteria del soterrani,

tràmits en veu baixa,
ecos metàl·lics de forquilles
que a cada instant perden
i troben el seu lloc en el món.

Demanaria un minut de silenci
per escoltar la rotació del sucre
a la tassa, la dissolució rítmica
d'un cos en un altre de més fosc,
l'entrega cega i la desaparició.

Però aquí la lògica és una altra:

els vius s'apleguen al restaurant del soterrani,
on és permès de menjar sense gana;

els morts, a la planta de dalt,
més a prop de la sortida d'emergència.

In the Basement Cafeteria

certain procedures happen quietly—
metallic echo of forks
that each moment lose
and regain their place in the world.

I would ask for a minute of silence
to listen to the rotation of sugar
in the cup, the rhythmic dissolution
of one body inside a darker one,
its blind surrender and disappearance.

But here another logic prevails:

the living huddle in the basement cafeteria
where they are allowed to eat without being hungry—

the dead on the floor above,
closer to the emergency exit.

És tard

Ja fa estona que l'última parella d'animals
ha pujat a l'arca.

Una feina admirable.

S'han quedat a terra els solitaris,
els desaparionats, els marcats
pel retolador vermell
de déu.

La gelor de les primeres
gotes els dispersa
per les avingudes
llepissoses
del port i les dàrsenes,

ja sense esma de mirar enlaire,

on milers de mans i mocadors
s'agiten feliços cap a la terra promesa
—adéu, adéu, adéu—

sempre de dos en dos.

It's Late

It's been a while already since the last pair of animals
climbed into the ark.

An admirable job.

The solitary ones have remained on land,
the unpaired ones, those scored
with the red felt pen
by God.

The chill of the first
drops disperses them
onto the slick avenues
of the port and docks

already without the strength to look up,

where thousands of hands and handkerchiefs
happily wave toward the promised land—
farewell, farewell, farewell—

always two by two.

L'escena transcorre sense so

com si haguéssim franquejat la pantalla
i despertéssim en una pel·lícula
dels anys muts:

quan tot just
entra la protagonista
—cara enfarinada
i levita negra—
i arrossega la falç
contra el mur
d'acer
de casa nostra.

I el xerric que no se sent
resulta insuportable a les oïdes.

The Scene Happens Without Sound

as if we had crossed the screen
and woken up in a movie
from the silent era:

when all of a sudden
the protagonist enters—
with his face powdered,
wearing a black frock coat—
and drags the sickle
against the steel
wall of our house.

And the unheard screech
becomes unbearable to our ears.

L'àngel de la pluja

ha caminat descalç
sobre les aigües
i ha deixat un rastre
de plata tòxica

que ara busca infiltrar-se en la memòria tova
dels mol·luscs i les posidònies,
dels crancs aturats en quart creixent,
d'aquestes criatures fetes d'aigua i pregària
que també som.

Lentament i amb cautela
anem retornant a la simetria renaixentista
de l'interior de la closca,
a la remor sedant de les constants vitals.

Era diferent el miracle que demanàvem
(ni llum, ni trompetes, ni peixos multiplicant-se
en l'atrocitat de l'excés).

Un gest més íntim
i eixut,
més semblant al grapat de sal
que també som.

The Angel of Rain

has walked barefoot
over the waters
and left a trace
of toxic silver

that now seeks to penetrate the soft memory
of mollusks and sea grass,
of idle crabs at the waxing crescent,
of these creatures made of water and prayer
we too are made of.

Slowly, cautiously,
we are returning to the Renaissance symmetry
of the shell's interior,
to the soothing sound of vital signs.

We asked for a different miracle
(neither light, nor trumpets, nor fish multiplying
in outrageous excess).

A more intimate gesture
and drier,
more akin to the handful of salt
we too are made of.

Entrem en l'equinocci de tardor

amb lluna plena.

La claror es vessa pel celobert
com un bol de llet crua
on s'abeuren els gats
i les fràgils cries de vampir.

Podria fotografiar la teva absència
sense necessitat d'il·luminar-la:
enfocaria la silueta
de vores encara tèbies
—com la riba d'una cala quan el sol es pon—
i esperaria que s'impressionés
sobre aquest poema
que escric a la cuina
després de sopar,
els llums apagats,
el llapis encès
d'un verd lluerna.

We Are Entering the Autumnal Equinox

with a full moon.

Brightness pours through the lightwell
like a bowl of raw milk
where cats and the fragile
offspring of vampires drink.

I could photograph your absence
without needing any additional lighting:
I'd focus on the still soft edges
of your silhouette—
like the shore of a cove when the sun sets—
and I'd wait for its image to imprint itself
on this poem
I am writing in the kitchen
after dinner
lights out
pencil lit up
like a green firefly.

Massa pàl·lid el te

d'aquest matí

sense oxigen el pa
que se'ns brinda

com si el color no tingués forces
per pujar fins a l'últim pis
de la matèria

i des d'allí
cridar-nos
a l'oració compartida
del primer blau que despunta

un instant

sobre l'opacitat
reincident
dels objectes

Too Pale, This Morning Tea

this bread without oxygen
we are offered

as though color hadn't the strength
to rise to the top floor
of matter

and from there
to call us
to communal prayer
of the first blue that breaks out

an instant

over the recurring
opacity
of objects

From *Wall* (*Mur,* 2015)

❈

El sentit del creixement

Flors
i barrets
i ungles
i portes

creixen enfora.

Si mai creixen endins
és perforant
el túnel terrós
del dolor.

Un dolor que coneixen
coves
i arrels
i orelles
i dones,

que han après a créixer
endins.

Direction of Growth

Flowers
fedoras
fingernails
and doors

grow outward.

If they ever grew inward
it would pierce
earth's tunnel
of pain.

Pain known by
caverns
roots
ears
and women,

who have learned how to grow
inward.

Clausura

Estic tancada en un bressol, no sé
quants anys tinc. Estic tancada en aquest
despatx, no sé quina hora és. Tancada
en un somnífer, ja sense preguntes.
Tancada en un nom propi—qui m'invoca,
qui em convoca?—. Tancada en un planeta
invisible a la lent del telescopi.
Tancada en un arbre genealògic,
les arrels podrides per un excés d'aigua
als ulls. Tancada en les quaranta-cinc
espelmes del pastís. Tancada en un sac,
l'oxigen sempre insuficient,
escàs com les respostes amb sentit.
Tancada en una capsa de sabates
—de tant en tant, un mà pietosa
escampa quatre fulles de morera
per fer-me feliç—. Tancada en el meu propi
tancament, en les pedres amb què aixeco
l'ombra del mur, en la boca i la saliva
que no dono, en aquesta veu que roda
paladar endins, minvant sense presses,
concentrada, concèntrica, constant.
Com un univers en regressió.

Closure

I am enclosed in a crib, don't know
how old I am. I am enclosed in this
office, don't know what time it is. Enclosed
in a sleeping pill, no questions asked.
Enclosed in a proper name—who invokes me,
who summons me? Enclosed in a planet
invisible through the telescope lens.
Enclosed in a genealogical tree,
its roots rotten from too much water
in the eyes. Enclosed in the forty-five
candles on the cake. Enclosed in a sac,
always without enough oxygen,
as scarce as meaningful answers.
Enclosed in a shoe box—
from time to time, a pious hand
scatters four mulberry leaves
to make me happy. Enclosed in my own
enclosure, in the stones I use to raise
the wall's shadow, in this mouth and saliva
I do not give, in this voice wheeling
inside my palate, diminishing unhurriedly,
concentrated, concentric, constant.
Like a universe in regression.

La bona educació

L'estiu que complia set anys
li van regalar un estoig de fusta
amb un llapis i una goma.

El llapis, perquè en rosegués la mina
fins a trobar el nervi vague
de la paraula.

La goma, per esborrar la paraula
abans de dir-la.

Good Manners

The summer she turned seven
they gave her a wooden pencil case
with a pencil and eraser.

The pencil, so she could gnaw the lead
until she found the vagus nerve
of the word.

The eraser, to erase the word
before she could say it.

Poètica del fragment

En tornar de la plaça
cal netejar els seitons,
significa arrancar-los cap i tripa,
retirar els filets encara pegallosos
de vida, l'espina central
que es desprèn amb una lleu fressa
de cremallera nova, després rentar-los,
purificar-los sota l'aigua de l'aixeta
(també la mort requereix un baptisme),
assegurar-se que no queda cap ullet
emboscat en la ceguesa humida dels dits,
finalment submergir-los en vinagre,
esperar l'emblanquiment de la carn
coent-se en àcid, coent-se endins.
Ja fa hores que jauen sota la llum
planetària del pebre i de l'oli.
I l'olor que no vol marxar,
com si amagués petites bosses
de memòria fòssil entre els plecs
que formen aire i matèria.
Segura que ningú no em veu,
m'oloro el dors de les mans
—sempre queda un vestigi
de mar al ventre dels peixos—
i sé que són les teves.

Poetics of the Fragment

When you return from the market
you must clean the anchovies,
which means ripping off the head and guts,
removing the thin fillets still sticky
with life, the central spine
that detaches with a slight zip,
afterwards washing them,
purifying them under tap water
(even death requires a baptism),
making sure no tiny eye remains
trapped in the moist blindness of your fingers,
finally soaking them in vinegar,
waiting until the flesh whitens
cured in acid, cured all the way through.
They have already lain for hours beneath
the planetary light of oil and pepper.
Still the smell does not want to leave,
as if it were hiding tiny bags
of fossil memory in the folds
formed by matter and air.
Certain that no one sees me,
I smell the backs of my hands
(a trace of the sea always remains
in fish bellies)
and I know they are yours.

Fet i amagar

No sé quant de temps duc amagada
a l'ull cec de l'escala. S'han cobert
les hores d'un tel irisat i trist
com el plat d'escudella que m'esperava
a taula. L'àvia ha deixat de cridar-me
i tots comencen a sopar sense mi.
Algunes nits, les culleres s'aturen
un instant en l'aire, com si haguessin
perdut un record que els fos necessari,
però aviat reprenen el moviment
i sol·lícites escampen
calidesa i oblit
a parts iguals.

Com un cetaci cansat de viure,
també l'escala tancarà un dia
l'immens ull blavós
i ja no seré a temps
d'entrar al menjador
rient
i cridant
que només era un joc.

Hide-and-Seek

I don't know how long I must have hidden
in the blind eye of the staircase, hours
covered over with iridescent, sad skin
like the plate of stew waiting for me
at the table. Grandma has stopped calling me
and everyone has started eating without me.
On some nights, the spoons stop
for a moment mid-air, as though
losing track of some essential memory,
but soon they resume their movement,
seeking to spread
warmth and forgetfulness
in equal measure.

Like a cetacean tired of living,
the staircase too will one day close
its immense blue eye
and there will no longer be time
to enter the dining room
laughing
and shouting
it was only a game.

Densitat

La mort deu tenir la mateixa
composició química
que el mercuri.
Fins ara només hi hem jugat
en dosis anodines:
una boleta suaument greixosa
que empenyem amunt i avall
amb el capciró del dit del mig.
¿Com serà
un dia
enfonsar-hi el cos sencer,
sentir la succió ascendent
del seu metall fred,
empassar-se l'última
càpsula d'oxigen
que havíem celat amb cautela
—pobres criatures entremaliades—
al fons del paladar?

Density

Death must have the same
chemical composition
as mercury.
So far we have only played
with a harmless dose:
a soft greasy pellet
we roll up and down
with the tip of our middle finger.
What will it be like
one day
to sink our whole body there,
feel the rising suction
of its cold metal,
swallow the last
oxygen capsule
we had cautiously concealed—
poor naughty creatures—
at the base of our palate?

Temperatures

Mig rondinant ho deia sempre l'àvia,
que a la cuina no s'hi val a badar.

La llet es vessarà quan siguis d'esquena
feinejant distreta amb qualsevol altra cosa,
pujarà la memòria al caliu dels fogons
i l'escuma
inundarà la placeta dels til·lers
on a l'estiu les nenes jugàvem a la xarranca
i quèiem en caselles clandestines
de xocolata desfeta i pessigolles.

Com la tristesa dels ulls
també els gestos s'hereten:

bufo amb suavitat,
alço el pot del cremador
i espero que la bromera
exhali,
calli,
caigui novament
en l'amnèsia tancada del blanc.

Temperatures

Half grumbling, Grandma always said
you cannot daydream in the kitchen.

The milk will boil over while your back
is turned, distracted by something else,
and memory will bubble up from the heat of the stove
and the foam
will flood the lime tree courtyard
where in summer we girls played hopscotch
and fell into clandestine squares
of melted chocolate and tickling.

Like sad eyes
gestures are also inherited:

I blow gently,
raise the pot from the burner
and wait for the foam
to exhale
calm down
collapse once more
into the enclosed amnesia of white.

Principi òptic

Les paraules s'hi veuen millor de nit.

Nosaltres brillem un instant al centre
de les seves retines cegues, com brilla
la carn al fons de la memòria pútrida
del depredador.
                        Nosaltres,
imatges invertides d'allò que en realitat
—tan desesperadament—
voldríem saber
dir.

Optic Principle

Words see better at night.

We shine a moment in the center
of their blind retinas, the way flesh
shines at the back of the predator's
rancid memory.

      We ourselves
are inverted images of what in reality
we would—so desperately—
like to know
how to say.

Embrió

Tot el matí que espinyola albercocs
per fer-ne melmelada. Tot el matí
que els obre per extreure'ls l'òvul
inflat i tebi que els creix polpa
endins: escampadissa d'albercocs
muts i esventrats sobre el taulell asèptic
de la cuina. Com si fos la infermera
en cap, l'àvia fa bullir el perol
amb dos dits d'aigua ensucrada.
La nena entra corrent i s'endú allò
que ningú no vol. Sota l'advocació
blanca de la murta, frega la fusta
del pinyol contra els grumolls lascius
del mur. I s'escolta un xiulet lànguid
pujant del fons de l'embrió nonat,
pujant tarda amunt, sang amunt,
dubte amunt—anys a venir,
anys a desvenir.

Embryo

All morning, pitting the apricots
to make marmalade. All morning
opening them to remove the swollen,
warm ovum that grows inside
the flesh: scattering of silent apricots
gutted on the antiseptic kitchen
counter. As if she were head nurse,
grandma sets the pot to boil
with two fingers of sugared water.
The girl runs in and pockets
what nobody else wants. Under the white
blessing of the myrtle tree, she rubs
the woody pit against the wall's lascivious
bumps, and she hears a languid whistle
rising from the depths of the unborn embryo,
from the afternoon rising up, from blood rising,
from doubt rising up—years to come,
years to unbecome.

Ègloga segona

La tempesta es congria sota terra,
avança cap al poble com un rèptil
de colors canviants confós entre clapes
de fullaraca, ciment i passos perduts.
Instants abans que esclati,
s'enfonsen els sorolls i els nens
s'empassen preguntes impossibles.
S'escolta la promesa de l'aigua
en l'estómac brut dels escurçons.
Aquesta quietud traïdora.
Aquesta xafogor que ens ronda
els turmells com un gat en zel.
Espanta com espanta
la calma que regna
al centre de l'esfera,
al centre del rellotge
que entreté les hores mortes
fent mitja amb un parell d'agulles,
teixint vànoves i sudaris
per endavant.

Second Eclogue

The storm is brewing underground,
advancing toward the village like a reptile
changing its colors, camouflaged among patches
of leaves, cement, and lost footsteps.
Moments before it erupts,
noises plummet and children
swallow impossible questions.
You can hear the promise of water
in the vile belly of vipers.
This treacherous calm.
This sultriness that circles
our ankles like a cat in heat.
It frightens the way
the reigning stillness frightens
at the center of the clock face,
at the center of the clock,
which spends the dead hours
knitting with a pair of needles
quilts and shrouds
for the days ahead.

La llista

Algunes matinades
ens criden pel nom
en veu molt baixa,

a la impensada ens desvetllen d'un son
per submergir-nos en un altre son
encara més incompressible
i equívoc.

Endormiscats i descalços fem cua
sota la secreció lacrimal
dels fluorescents,
mentre esperem
que un dia o un altre ens donin permís
per despertar.

L'última vegada que la vaig veure
li repetien que li faltava un paper
(copets insistents de l'índex
sobre la fòrmica pelada del taulell),

un paper,

només un paper,
i ja no et despertes.

The List

Some early mornings
they call us by name
very quietly,

at the spur of the moment, they awaken us from sleep
to submerge us in another sleep
still more incomprehensible
and equivocal.

Drowsy and barefoot we stand in line
under the teary secretion
of fluorescent lights
while we wait
for one day or another to give us permission
to wake up.

The last time I saw her
they repeated she was missing a paper
(index finger tapping, insistent,
on the peeling Formica counter),

one paper

one single piece of paper
or you no longer wake up.

L'àpat

La mort ens va buidant amb la cullereta
plana dels minuts, mos a mos, sense excessiva
voracitat. A voltes obre la nevera i ens contempla
a la llum blavosa del calfred, com qui es lleva
a mitjanit, a migdesig, sense saber ben bé què vol.
Al carrer, algú abaixa amb gest inútil la persiana
del restaurant. Asseguda entre taules i cadires
buides, Ella repassa la carta per enèsima vegada,
torna a dir els nostres noms entre les dents,
esfilagarsadament, com si escurés
les molletes de carn ocultes entre els cartílags
d'aquest ocell sense remissió que som.
Cada matí fem l'equipatge i fugim
amb les primeres orenetes,
però la boca que se'ns empassa
acaba sent més gran
que la paràbola
del vol.

The Meal

Death is emptying us out with the flat teaspoon
of minutes, bit by bit, without being excessively
voracious. Sometimes it opens the fridge and contemplates us
in the chilled, bluish light, like someone who gets up
at midnight, half-wanting something, without really knowing what.
In the street, someone is lowering the restaurant gate
with a useless gesture. Seated between empty tables and chairs,
Death reviews the menu for the umpteenth time,
repeats our names between its teeth,
unraveling them, as if scouring for
morsels of meat hidden in the cartilage
of this hopeless bird that we are.
Every morning we pack our bags
and take flight with the first swallows,
but the mouth that devours us
ends up being larger
than the parabola
of our flight.

Calidoscopi

Giro entre els dits
el calidoscopi capriciós
del diccionari.

A voltes
apareix un poema radial i simètric
amb el meu estat d'ànim.

A voltes
dubto si no serà a l'inrevés,
si no serà el meu estat d'ànim
que s'adaptarà simètricament
a les paraules
trobades,
torbades,
tornades
a dir.

Kaleidoscope

I turn the capricious kaleidoscope
of the dictionary
between my fingers.

Sometimes
a poem appears, radial and symmetrical,
carrying my frame of mind.

Sometimes
I wonder if it won't be the other way around:
if it won't be my frame of mind
to adapt symmetrically
to the words
received
deceived
retrieved
to say.

Qui era

Tenia un crucifix al capçal del llit,
i no era creient. Una maleta esgavellada
en un racó de l'alcova, i no va travessar
cap frontera. La butxaca del davantal
plena de caramels, i no era llaminera.
Un pintallavis a joc amb el to lavanda
de la seva pell i dues bruses de caixmir,
però mai no va abandonar l'òrbita
inclinada i lentíssima del dol.
Totes aquestes coses tenia.
Qui era. Si sabés buscar-la
en allò que no tenia.

Who Was She

She had a crucifix at the head of her bed,
and she wasn't a believer. A busted suitcase
in a corner of her bedroom, and she crossed
no border. An apron pocket full of candies,
and she had no sweet tooth.
A lavender lipstick matching the shade
of her skin and two cashmere blouses,
but she never left the slow,
inclined orbit of mourning.
All these things she had.
Who was she. If only I knew
how to look for her
in whatever she didn't have.

Llinatge

D'ella vaig heretar dues arracades d'or
tallades en petits hexàgons de llum:
d'una orella a una altra orella
el trajecte és senzill
—la mort va encarregar-se d'obrir
la gafeta aquí, tancar la gafeta allà—,
com qui hereta històries o memòries,
també d'una orella a una altra orella,
també la punxada inicial,
la llumeta de sang al fons del passadís,
el dolor bategant de per vida
al lòbul de cada paraula.

Lineage

From her I inherited two gold earrings
carved into small hexagons of light:
from one ear to the other
the trajectory is simple—
death took charge of opening
the hook here, closing it there—
like one who inherits stories or memories,
also from one ear to the other,
also the initial puncture,
blood-lit at the end of the corridor,
pain beating for life
at the lobe of each word.

Lepidòpters

Només t'he conegut de perfil,
tal com et va col·locar la mort
l'últim diumenge del mes de maig.

També de perfil era més senzill
caçar les papallones de la pineda:

després els dits quedaven
empolsimats amb escates
càlides i cendroses.

I tu deies *si l'agafes així
no tornarà a volar.*

I jo mirava aquella purpurina
quasi mineral
adherida a la paciència
dels dits

i no entenia la paradoxa
del tacte,

que a penes toca un ésser
el destrueix.

Lepidoptera

I only knew you in profile,
which was how death positioned you
that last Sunday in May.

It was also much simpler to capture
butterflies in profile in the pine grove:

afterwards my fingers were left
dusted with warm, ashy scales.

And you said, *If you pick it up like that,
it won't be able to fly anymore.*

And I looked at the almost
mineral glitter
adhering to my patient fingers

not understanding the paradox
of contact:

that a being barely touched
is destroyed.

Elegia

Temps enrere,
abans que se separessin els continents
i comencéssim a comptar en anys
les nostres vides,
encara era possible
agafar una agulla de cap,
picar un foradet en las closca porosa
i xuclar amb delit el groc embrionari
del rovell barrejat amb la llum mullada
de la clara. Un viatge per túnels secrets
desplaçava matèria i aliment
d'una concavitat a una altra,
de la foscor lliscadissa dels inicis
a la foscor definitiva
de la gola.

D'això fa molt de temps,
quan les gallines ponien ous
a l'ombra improvisada de quatre taulons,
quan els gossos rosegaven
carcanades i sobralles dominicals
i semblaven feliços,
quan els bacteris
no havien colonitzat
tots els meridians de la por,

Elegy

Long ago
before the continents were divided
and we began counting our lives
in years,
it was still possible
to pick up a pin,
prick a hole in the porous shell
and joyfully suck the embryonic yellow
of the yolk mixed with the egg white's
moist light. A journey through secret tunnels
displaced matter and food
from one concavity to another—
from the slippery darkness of beginnings
to the definitive darkness
of the throat.

That was a long time ago,
when hens laid eggs
in the improvised shadow of four planks,
when dogs gnawed
on carcasses and Sunday leftovers
and seemed happy,
when bacteria
hadn't colonized
all the meridians of fear,

els microscopis dormien
i nosaltres menjàvem en pau
els fruits senzills de la terra.

microscopes slept
and we ate in peace
the simple fruit of the earth.

.

Autobiografia

Després de dir, desdir.
Després d'incloure, excloure.
Després d'anotar, oblidar.
Després de sumar, restar.
Després de fer, desfer.
Després d'estimar.
Després.
Què.

Autobiography

After saying, unsay.
After including, exclude.
After noting, forget.
After adding, subtract.
After doing, undo.
After loving.
After.
What.

From *Voyage to the Center*
(*Viatge al centre,* 2020)

L'hospitalitat de la pàgina en blanc

Perquè som massa criatures
per a tan poc amor

poso la paraula al pany
i convido
àngels i mosques,
déus i borinots,
ortigues i orquídies
a entrar-hi amb mi,

a habitar
democràticament
aquesta nova casa
de pulmons
buits.

Hospitality of the Blank Page

Since there are too many of us creatures
for so little love

I put the word in the lock
and beckon
angels and flies,
gods and bumblebees,
nettles and petals
to come inside with me

and occupy
democratically
this new home
of empty lungs.

Fulgor

Com més escric
més invisible em torno.

M'esborro
amb meravellosa
intensitat.

Radiance

The more I write
the more invisible
I become

erasing myself
with stunning
intensity.

Espècie verinosa

Les paraules són aquesta col·lecció
de llavors minúscules desades
sota la llengua.

En qualsevol moment
existeix la possibilitat
d'escopir-ne una
i matar.

També,
d'empassar-se'n una
i morir.

Venomous Species

Words are this collection
of tiny seeds stored
under the tongue.

At any moment
the possibility exists
of spitting one out
and killing someone.

Likewise,
of swallowing one
and dying.

Oh Musa

Arribes amb cada inspiració.

Però la inspiració sostinguda
mareja, fa la sang blava
i èbria, l'omple de fum
—i després del fum
ve la cendra—.

De tant en tant,
si et plau,
no arribis.
No t'obris, sèsam,
encara que t'ho demani
el geni pervers
            de la veu.

De tant en tant,
permet-me desparaular
casa i cos.

Oh Muse

With every inspiration, you show up.

But sustained inspiration
is dizzying, turns
my blood blue and drunk,
smoke-filled—and after
smoke, comes ash.

From time to time,
please,
don't show up.
No *open sesame*—
even if the perverse genie
of my voice
            entreats you.

From time to time,
let me unword
body and abode.

Radar

Aquest poema
no està format
per les trenta paraules
que hi apareixen,

sinó deformat
per totes aquelles
que no hi apareixen:

submarins radioactius
sota el text tan clar del mar.

Radar

This poem
is not formed
by the thirty words
that appear here,

only deformed
by all those
that do not appear:

radioactive submarines
beneath the clear text of the sea.

Filosofia mineral

Bellesa presocràtica
dels minerals purs.
No tenen res a dir,
tampoc a desdir.
No amaguen carícies
ni urpades. Gana
ni desgana. No són
lesius ni autolesius.
Se'n podria extreure
una lliçó de tenacitat
o de durada. Però
qui vol més lliçons.
Són aquí, discrets ermitans,
augmentant els nivells
de silenci planetari.

Mineral Philosophy

Presocratic beauty
of pure minerals—
having nothing to say
or unsay,
hiding neither caresses
nor claw marks, hunger
nor hesitation, they
neither harm others
nor themselves.
You might infer
a lesson about tenacity
or endurance. But
who wants more lessons.
Discreet hermits, they're here,
raising the level
of planetary silence.

Mínima poètica

De gran vull ser com ella,

criatura que muda de tonalitat
segons el prisma
de la llum
o
la roentor
de la pedra.

Ella, mestra Sargantana,
m'ensenya a fingir
que puc ser
una altra.

Poetic Minimalism

When I grow old I want to be like her,

creature of changing tonality
depending on the angle
of light
or
red-hot glow
of rock.

Master Lizard,
she teaches me how
to pretend I can be
someone else.

Les visions d'Hildegarda de Bingen

Fins als quaranta
van insistir a posar-me ulleres de lluny.
A partir dels quaranta
van insistir a posar-me ulleres de prop.
Mitja vida no vaig veure-hi bé.
L'altra mitja, tampoc.
A paisatges enteranyinats
els succeïren lletres ensonyades:
plovia entre la realitat i jo,
com si sempre fos hivern
i sempre fos nord enllà.

Ara tanco els ulls, abaltida,
i em pregunto si sabré passar
de la mirada a la visió.

Hildegard of Bingen's Visions

Until I was forty
they insisted I wear glasses for distance.
After forty
they made me wear glasses for seeing near.
Half my life I couldn't see well.
Nor for the other half.
Cobwebbed landscapes
followed by drowsy letters:
raining down between reality and myself
as though it were always winter
and always far north.

Now I close my eyes, feeling drowsy,
and I wonder if I'll know how to move
from the gaze to the vision.

Il·luminació

Dotze del migdia

i l'abella s'il·lumina
com un pessic de sofre,

s'enardeix com un filament
       primíssim
al cor de la bombeta
       solar.

Ho sap, ella,
que tanta llum
se sol pagar
amb la mort?

Illumination

Twelve noon

and the bee lights up
like a pinch of sulphur

ignites like a fine
     filament
at the heart of the solar
     lightbulb.

Does she know
you usually pay
for so much light
with death?

Decreixement

Aprendre dels crancs
l'art pacífic d'anar enrere,
aprendre a desaprendre,
descalçar-se, desviar-se,
sorprendre's i de nou sorprendre's,
mirar una poma fins alliberar-la
de la polsina de l'al·legoria,
no saber res
del que s'ha de saber,
oblidar la retòrica sintètica
i la mecànica avorrida de l'àtom,
mirar sense dir estic mirant,
estimar sense dir estic estimant,
deixar els versos inacabats,
deixar els versos,
deixar.

Decreation

Learn from crabs
the peaceful art of going backwards,
learn to unlearn,
go shoeless, digress,
surprise yourself yet again,
look at an apple until you liberate it
from the fine dust of allegory,
know nothing
about what you should know,
forget artificial rhetoric
and the boring mechanics of the atom,
look without saying I am looking,
love without saying I am loving,
leave verses unfinished,
leave verses,
leave.

Gemma Gorga and Sharon Dolin

GEMMA GORGA was born in Barcelona in 1968. She has a PhD in Philology from the University of Barcelona, where she is Professor of Medieval and Renaissance Spanish Literature. She has published seven collections of poetry in Catalan: *Ocellania* (Barcelona, 1997), *El desordre de les mans* (Lleida, 2003), *Instruments òptics* (València, 2005); *Llibre dels minuts* (Barcelona, 2006), which won the Premi Miquel de Palol (2006) and appeared in a Catalan-Spanish bilingual edition (*Libro de los minutos y otros poemas*, Valencia, 2009, translated by V. Berenguer); *Diafragma* (Girona, 2012) in collaboration with photographer Joan Ramell; *Mur* (Barcelona, 2015); and *Viatge al centre* (Barcelona, 2020). She has translated the contemporary anglophone Indian poet Dilip Chitre, *Twenty Breakfasts Towards Death / Vint esmorzars cap a la mort* (Barcelona, 2013), which won the "Cavall Verd" award for the best translation of the year 2013. She also co-translated with Ernest Farrés, selected poems of Edward Hirsch: *Història parcial de la meva estupidesa i altres poemes* (Barcelona: Edicions de 1984, 2017). She is also the author of a prose journal of her time spent in India entitled *Indi visible* (Barcelona, 2018).

SHARON DOLIN is the author of six books of poetry, most recently *Manual for Living* (University of Pittsburgh Press, 2016), *Whirlwind* (Pittsburgh, 2012), and *Burn and Dodge* (Pittsburgh, 2008), which won the AWP Donald Hall Prize for Poetry. She is also the author of a book of translations, Gemma Gorga's *Book of Minutes* (Field Translation Series/Oberlin College Press, 2019), which received grants from PEN and Institut Ramon Llull, and a prose memoir, *Hitchcock Blonde* (Terra Nova Press, 2020). The recipient of a 2021 NEA Fellowship in Translation, she lives in New York City, where she is Associate Editor of Barrow Street Press and directs Writing About Art in Barcelona.

Also by Gemma Gorga:

Viatge al centre

Mur

Diafragma

Llibre dels minuts

Instruments òptics

El desordre de les mans

Ocellania

Also by Sharin Dolin:

Hitchcock Blonde: A Cinematic Memoir

Book of Minutes (trans. of Gemma Gorga)

Manual for Living

Whirlwind

Burn and Dodge

Realm of the Possible

Serious Pink

Heart Work

Late to the House of Words is printed in Adobe Garamond Pro.
www.saturnaliabooks.org